U0893419

欲買桂花同載酒

胡贯之　著

国文出版社
·北京·

图书在版编目（CIP）数据

欲买桂花同载酒 / 胡贯之著. -- 北京：国文出版社，2025. -- ISBN 978-7-5125-1956-5

Ⅰ. I217.2

中国国家版本馆 CIP 数据核字第 2025N9Z874 号

欲买桂花同载酒

作　　者	胡贯之
责任编辑	张　茜
责任校对	孙雪华
出版发行	国文出版社
经　　销	全国新华书店
印　　刷	三河市中晟雅豪印务有限公司
开　　本	880 毫米 ×1230 毫米　　32 开 5.75 印张　　112 千字
版　　次	2025 年 9 月第 1 版 2025 年 9 月第 1 次印刷
书　　号	ISBN 978-7-5125-1956-5
定　　价	49.00 元

国文出版社
北京市朝阳区东土城路乙 9 号　　邮编：100013
总编室：（010）64270995　　传真：（010）64270995
销售热线：（010）64271187
传真：（010）64271187-800
E-mail：icpc@95777.sina.net

自　序

浮云一别后，流水十年间。当我在整理文稿的时候，恰逢桂子飘香。思绪一下子将我拽回到十年前，秋声犹在耳畔，彼时《疾风知劲草》墨香未冷，长安街的银杏正将最后几片金箔缀在我肩头。二十出头的青衫尚不知何为萧瑟，而今霜雪偷渡至鬓角，就在这恍惚的时空交错里，方惊觉“少年心气”消失的速度远比我想象的快。

幸运的是，岁月、笔墨一同悄然沉淀，那些在琉璃盏中浮沉的文心，早已在岷江夜雨的漫长浸润下，酿成了《欲买桂花同载酒》这半壶松烟。

“欲买桂花同载酒，终不似，少年游”，寥寥几笔，惆怅无限。少年时总以为此句关乎邀约，只想着自由不羁，怀揣着梦想，横冲直撞、大步流星、敢爱敢恨，时光就这样在不经意间偷偷溜走。我们无法同时拥有青春和对青春的感受，直到我们再回母校的路边摊，寻找当年最喜欢的小吃，却怎么也品不出那时的味道；直到单位又进了新人，才发觉一晃眼自己已经不是团队里最年轻的那个人；甚至当我们再一次去到曾经旅行过的地方，看着同样的山川江河时，竟涌出

“也曾见过花团锦簇，也曾有过失落低谷”的心境，才真正理解，原来那才是我们的似水流年。青春已经远去，我们注定要带着未竟的诗篇独自前行，正如祖辈们的泥墙废墟上，总有新芽在裂缝里向着阳光生长。

行遍天涯千万里，看尽人间几度秋。这般行迹若用笔墨勾画，当是游龙走笔的卷轴：初出茅庐，于京华烟云中仰望星空，知己分酒的暖意便化作了“一水映星繁”的波光；而后十余年间，川渝群山褶皱里的日日夜夜，孩子们清澈的眼眸，竟不知是谁在治愈着谁，方知人间大爱原是“散作人间万点星”。毕业后也曾短暂地拥抱乡梓，爬坡上坎，脚下黏着祖辈耕耘过的泥土，“此心安处”平添了“一犁酥雨裁诗绿，闲抛云水枕霞眠”的诗意。而当我带着“敢掣云雷破九垓”的孤勇闯过剑门雄关时，衣襟上早已沾满蜀道背夫滴落的汗盐。如今在鸭子河畔，有幸参与并见证了三星堆的“一醒惊天下”，于是有了“青铜纵目望中原”的感慨。北纬三十度的风裹挟着半生行迹，那些被诗句标记的坐标，原是我与生活的对答。

种种经历聚沙成塔，一百五十首作品是岁月的切片和沉淀。当感恩巴山蜀水的沧桑筋骨，感恩基层辗转的蛛网尘埃，感恩午夜梦回记录佳句的少年执念——让文字从云端跌落人间，却在地气的蒸腾中生出新的根系。当明月照耀着少年时在泥塘中豢养的锦鲤时，他的尾鳍早已在冰心的濡养下长出了金鳞。

新书付梓，此刻桂香穿帘而过，且启这坛窖藏十年的桂醑吧。愿烈酒与泥陶对峙的锋芒，终在倾注时化作绵长的回甘；愿这些沾着蜀地泡菜脆劲儿的字句，带着山乡夜雨的柔情，能成为一扇不上锁的门——当你在某个疲惫的黄昏推门而入，会看见二十岁的我与三十岁的我在对饮，两盏温过的酒杯，沉淀着同样不肯低头的月光。

青春的主角已经更替，我们也不再年少，但是我们拥有过的青春，永远风华正茂……

目　录

诗卷·松风咏诗

词卷·梅影叠词

歌卷·山泉漱歌

赋卷·星汉垂赋

【诗卷】

松风咏诗

月痕

夏静蝉声细，

幽芳浸月痕。

恐卿临晚径，

星火照苔门。

观雨

晨沐曲栏清，

云凝燕羽轻。

一江浮黛色，

水墨晕初晴。

栽葡萄

朝耕期有获，

紫串裹银霜。

甜酢能消暑，

冰含爆玉浆。

峨眉雪

金顶琉璃界，

琼枝缀玉沙。

忽闻清磬响，

惊落万年花。

池音

苔阶雨涨晚烟轻，

竹榻风移午梦清。

红鳞暗触青萍动，

素手分香钓月明。

对弈

星罗棋阵裂玄穹，

气卷边烽压九重。

铁马冰河韬略涌，

乾坤一子定天戎。

挽春

藤枕酣眠醒见霞，
胭脂雨过碧簪斜。
莫叹东君行迹杳，
春风借住故人茶。

煮酒

知己同倾琥珀光，

昔论龙虎沸沧江。

醉来笔扫风云动，

笑指山河气未央。

禅韵

已叩禅关不系身，

青灯照壁扫心尘。

浮生未觉空门远，

孤月偏留幻影人。

暗香

向晚琼苞映砌开，
暗随帘动送香来。
余音未忍随风逝，
却化浮光满玉台。

剑意

铁骑凝霜撼玉关，

北云摧甲黯金鞍。

谁言文士乏铮骨，

气荡千军碎穹寰。

隐士

醉枕松涛月浸肩，

尘嚣尽化野烟旋。

芦管吹凉星坠袖，

独抱秋江一苇眠。

星弦

泠泠清响透帘帏，

鹤引松风共忘机。

冰弦忽坠星如雨，

碎作空山万缕辉。

品茗

三春灵液淬龙芽，

雪沁冰瓷绽月华。

盏底星河吞海岳，

坐看云雾化苍葭。

蜀山

蜀岭擎天淬剑芒，

裂峡崩云吼战腔。

千盅壮气吞星斗，

万仞雄风镇大江。

状元红

渝州醉染红袍烈，

蜀锦翻霞剑影流。

肝胆激扬山海沸，

笑谈淬入大江秋。

菜花吟

金萼凝香嫩叶柔，

田畴尽染慰年愁。

懒同桃杏争浓艳，

炼就琼脂富九丘。

盐都颂

铁塔擎霄裂昊空，
盐晶淬浪化霜龙。
赤旌漫卷星河坠，
千棹劈涛唱海虹。

锦江春

浣花溪涨碧漪漪，

垂柳醮波学写诗。

最是海棠知雅意，

飞红轻点薛涛池。

游江油

星芒淬剑射天狼，

莲动涪波涌月光。

冻蕊破寒香沁甲，

墨花飞处即仙乡。

桃源梦

雨润桃夭洗翠苔，
烟波摇影傍云栽。
飞红漫逐游丝转，
半入茶烟半入怀。

贤才颂

山河遍育栋梁芽，
绛帐薪传焕物华。
自有清芬生玉管，
何须丹陛列琼花。

自画像

自称醉客更诗奴，
肝胆开时斗可沽。
回敬群嘲掷文心，
一襟云气卷残书。

蒙顶香

翠芽凝露淬曦光，
云腴分甘沁岁长。
漫说龙泓浮雪乳，
更斟蒙顶漱春香。

蜀秋吟

京华澹月浸阑干，

梦溯岷峨叠翠寒。

书帷落木惊秋鬓，

驿路嘶风勒马鞍。

东风拭甲

剑阁摩云拭甲声，

木牛踏月报三更。

千峰血沃苍穹裂，

一夜东风汉帜横。

雨韵琴心

雨浣青阶润客襟，

檐声碎玉韵如琴。

闲情欲问托何处，

漫卷风涛万籁倾。

乡间即事

乡墟琐事茧缠蓑，

闲捕青蝉蜕壳歌。

欲抵星河千古债，

且听蛙雨溅新荷。

锦官春望

雨浥巴山晓色新，

青篁临水影摇春。

锦官香雪浮云榭，

醉共东风一盏真。

闻香知秋

蟾光流瓦浸行装，
蛙鼓高低涨夜凉。
试问离愁深几许？
一庭桂子半溪霜。

别联山湾

千峰锁黛截云流，
雁字裁秋过五州。
唯有跳珠穿涧响，
还萦铜鼓旧津舟。

夏夜听荷

萤影摇波并蒂鲜，

娉婷欲语立婵娟。

清歌渐起菱舟远，

心绪随风化碧烟。

淬甲裁星

虬松擎月夜凝霜，
铁甲衔冰淬冷光。
驼影摇炉熔碛火，
剑裁北斗落大荒。

墨犁云水

川脉窑青接远天，

松烟墨淡写流年。

一犁酥雨裁诗绿，

闲抛云水枕霞眠。

重阳寄重庆兄弟

赤萸擎火照高台，
大江劈峡卷涛来。
莫道渝州霜刃冷，
沸鼎同倾万壑开。

重逢

曾执梁园桨，
长随楚泽鸿。
别梦凝霜鬓，
相逢醉雪丛。
倾壶溶夜月，
拭泪认春容。
蜀道萦新绿，
休教玉盅空。

书韵

墨痕洇素练，

雨脚润新毫。

纸泛春山色，

锋藏秋水涛。

云烟生腕底，

珠玉缀文绦。

千古文章气，

清芬满客袍。

暮望

老树撑残雪，

疏枝曳冻痕。

风融冰涧响，

雪化草芽温。

冻羽栖疏影，

寒烟护旧根。

摩云争展翅，

一唤启春门。

知己同斟

松梢漏月斑，
车辙碾霜寒。
四人分酒暖，
一水映星繁。
醉语惊栖鹊，
风襟忘夜阑。
明朝云外路，
长愿共清安。

蜀中逢故饮

昔作京华客，

孤帆溟海东。

别舟量雪浪，

寻屐丈霞峰。

剑沥星初白，

樽空月已朦。

巴山今夜雨，

犹奏旧时钟。

战

剑鸣秋色锁潼关，

寒旌冷压暮云残。

刃凝霜色鞘中泣，

烽燎甲光阵外燃。

箭瘢新淬将军骨，

檄字犹焚壮士肝。

何日重磨函底锈，

长风万里裂征衫。

龙吟

金犁裂土淬锋芒，

十载巴山刃带霜。

云涌剑门锁蜀道，

名题雁塔镇荆襄。

风雷骤起三江沸，

日月重开九阙光。

夜握璇玑量寰宇，

龙吟沧浪入洛阳。

月夜

星河渐隐桂轮偏，
素练铺江浸野烟。
楚峡云深迷旧约，
巴山雨急断新笺。
三更烛泪凝窗露，
万里砧声碎客眠。
独倚危楼听夜曲，
清辉如雪落襟前。

柏魂

虬甲苍鳞铸古姿，
雨蚀霜侵干愈奇。
祁山星陨天倾北，
汉帜云屯斗柄垂。
出师表挟松涛怒，
梁甫吟催鹤泪痴。
莫讶南阳桑陌在，
锦江春涨旧旌旗。

天刃

天狼裂甲堕玄冥，

劫火焚身铸剑形。

百战铁衣消杀气，

千章雷篆刻霜青。

庙堂虎啸山岳动，

帷幄龙吟日月腥。

浅浪岂遮星斗碎，

天河淬刃烙汗青。

江湖铭

戟吼沧溟云欲崩，

萍狂墨泼裂穹窿。

吞山酒泻星摇斗，

钓海钩沉月挽弓。

骨锈雷文镌劫火，

刃撕冥夜淬残虹。

何须碑碣铭生死？

万古潮声答剑疯。

青铜纪

云涡回测天罡正，

火鸟衔阳照祭觞。

雷纹漫卷钟声振，

铜鼎回旋夜气凉。

龙形吞吐星芒迸，

凤影盘桓月魄藏。

江河自古承星象，

青铜不语证沧桑。

谒苏祠

古巷风清谒旧祠，
紫薇花盛最高枝。
大江东去文章在，
赤壁舟横鹤影迟。
万里云山皆故地，
一庭松雨护残碑。
忽闻竹外琵琶起，
犹唱坡仙水调词。

吊屈原

棹分寒浪暮云收，
兰芷凝香古渡头。
雷震三湘龙甲动，
霞帔九畹凤文流。
魂融澧雪千峰皓，
气化沅涛万古遒。
天问回音悬日月，
清波犹抱楚臣舟。

丹青志

墨随松雨沁毫端，
云染天青入素纨。
藏岳忽从宣纸立，
留溪偏向砚田蟠。
烟迷柳渡苔纹细，
雾散桃津草色宽。
千古丹心凝淡彩，
一川风物绘长澜。

醉月行

浮云劈裂剑光寒，

携酒狂登碧落巅。

笛破九霄星欲坠，

杯吞沧海月成湍。

袍卷风雷千嶂裂，

步撼坤舆万螯蟠。

敢拽谪仙骑北斗，

仰天一笑倒河山。

砚底红

杏雨沾衣润岁光，
书囊斜挂别横塘。
青衿曾绣双栖蝶，
素手平添一脉香。
花影摇红温旧砚，
空余烛影对寒江。
十年未拭离人泪，
怕启尘封痛彻肠。

史笔秋声

宦海浮沉鬓已霜，
狼烟卷地现忠良。
黑云压境千峰暗，
鬼卒封途万马僵。
蜀道风摧丞相骨，
巴山雨蚀汉家墙。
谁听高阁笙歌沸，
独拨寒灯阅兴亡。

旌湖野望

闲鸥款款落霞柔，
别绪依依暮色收。
日影暗移荒径没，
秋声空绕故园流。
孤舟曾载芦花雪，
野渡犹存竹月沟。
忽觉烟波皆是幻，
满襟霜色立寒洲。

别乡寄情

新燕初裁剪晓晴，
长街灯影渐沉声。
柳丝暗系春前诺，
波镜空浮别后盟。
驿角梅痕含雪瘦，
篷窗竹语伴潮生。
舟移始觉千山静，
半浸烟霞意未平。

剑门怀古

叱起千崖仄径哀，
嵯峨剑戟破空开。
云连栈道埋金镞，
雨过苔碑现血纹。
石马迹销烽燧冷，
铁关锈锁戍旗颓。
休询五丈原头事，
杜宇声中峡月来。

锦城夜雨

万里桥南墨色流，

苔垣深锁篆烟浮。

浣纱水咽遗簪冷，

野老祠孤瘦影囚。

秋牖曾听茅屋破，

春醪谁祭锦江舟。

欲携峡月敲诗骨，

却枕巫云听瀑愁。

登青城山

瀑泻松涛涤俗襟，
丹梯悬栈叩云纹。
雷渊夜汲三更雨，
雾窟寒凝九野春。
象外玄机星斗列，
寰中至理雪霜陈。
忽逢鹤背飘金磬，
认作浮丘授鼎人。

雒城怀古

雒水苍茫绕故州，
房公柳瘦绾春秋。
张任矢集摧斗柄，
汉阙苔侵蚀篆钩。
石幢霜凝埋剑匣，
瑁塘荷寂枕谯楼。
兴亡莫溯斜阳外，
字冢烟销锁废丘。

登望王山

巴山雾隐接苍茫，
细雨烟和古木凉。
雾栈千盘萦翠阁，
江流九曲绕云堂。
松风带露凫踪杳，
石影涵青鉴色藏。
闲数飞檐听碎玉，
漫凭朱槛醉新阳。

天道酬勤

青灯廿载淬锋芒，
卦演阴阳晓叩窗。
砚涌惊涛槊作笔，
峰劈迷雾月为裳。
云鹏岂恋池中影，
汗血终驰塞上霜。
莫道匣藏龙隐锈，
飞光淬夜照千江。

嘉州望大佛

三江汇处立金身，
足镇狂涛慑浪魂。
斧劈千峰锻铁骨，
灯燃永夜守天门。
凌云雨蚀唐碑暗，
乌尤霜凝汉瓦痕。
莫道佛陀皆带笑，
犹闻墟里泣声沉。

邛崃文君井

桐音犹漱旧雕栏，

垆火曾温碧玉湍。

凰羽穿云春未老，

冰弦浸月夜将阑。

唐旗曳雨商声湿，

汉瓦栖霜徵调寒。

多少临邛行路客，

回眸忽见寸心丹。

白帝城秋望

夔鼓沉波咽暮流，
苍垣独峙霭初收。
石垒云埋征雁渺，
玉阶苔老桂轮浮。
孤臣泪尽潮痕旧，
铁甲尘封霸业休。
十二青峰横笛外，
猿声叠入暮烟秋。

谷雨淬锋志

墨林焕彩沐春融，
芸窗逸兴染笺红。
谷雨知时舒碧色，
萧萧木叶舞青骢。
三载幽蛰藏锐气，
殷殷壮志越长虹。
笔拓山河书远志，
神驭云槎贯玄穹。

京华逢故人

帝阙灯昏整旧鞍，
忽闻蜀语透长安。
拭衣笑问青衣客，
可带锦江春水寒？
燕雨斟空星斗碎，
巴山梦醒月眉残。
明朝又送云帆去，
莫负东流一片澜。

都江堰怀李冰

铁链缚蛟江势穷，

离堆劈破万山容。

犀沉寒涧芒犹淬，

笼垒苍波迹尚雄。

功勒海心铭禹鼎，

祠连云表矗仙峰。

宝瓶口畔千帆起，

犹载秦时雪魄踪。

追忆

杏雨沾襟别短亭，
儒衫犹带墨香凝。
青梅暗结双心扣，
竹马空悬独夜灯。
骤起罡风摧玉树，
长流烛泪映寒冰。
曾盟白首三生约，
竟作参商永隔程。
十载秋霜凋客鬓，
半江渔火照伶俜。
菱花锈锁妆台寂，
雁字云封驿路暝。
欲驾仙槎寻海市，
偏逢龙殿锁霞軿。

牡丹江畔烟波冷，

杜宇山前暮霂零。

鲛帕啼痕凝血碧，

回廊旧誓刻丹缯。

九霄若解相思苦，

何忍人间断鹊翎。

【词卷】

梅影叠词

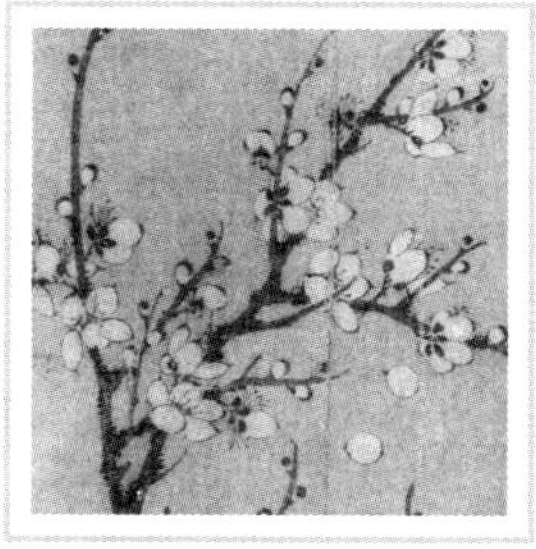

鹧鸪天·词锋

独踞词林第一峰，墨倾瀚海韵天工。

五十弦上惊霄斗，七十二般破鸿蒙。

观万古，藐尘庸。诗怀逸志傲苍穹。

敢言本是星河客，直与乾坤论霸雄。

鹧鸪天·谢茶

蒙顶灵芽带露收，仙娥采焙翠云裘。

三煎翻作岷江雪，一啜惊回梦得舟。

涤块垒，醒吟眸。紫瓯香暖敌貂裘。

从今休羡龙井好，自有嘉州第一流。

鹧鸪天·渝州别

折柳巴山雨正霏，临歧把盏劝君归。

青衿莫负擎天志，白首方惊蹈海稀。

磨铁砚，破重围。锦官花重子规啼。

来年若踏渝州路，认取缙云拂客衣。

鹧鸪天·游峨眉

柏子烟销古佛前，蒲团坐破不知年。
曾因棒喝开天眼，悔向红尘种孽缘。
敲玉磬，抚冰弦。梵音渡我出迷川。
袈裟一领千山雪，踏碎峨眉月半弯。

鹧鸪天·寄友人

燕台雪化别时尘，巴蜀云开认故人。
分襟我掣苍崖马，挥手君征粤海鲲。
霜淬刃，火熔樽。砺铁肝胆铸雄魂。
他年星斗作舟楫，直渡青山万里春。

鹧鸪天·谒武侯祠

古柏森森锁暮烟，苔痕犹带建安年。

三分筹策空悬壁，六出旌旗已化泉。

星陨处，泪潸然。锦官城外鹧鸪天。

可怜后主祠前柳，依旧垂丝钓俸钱。

鹧鸪天·都江堰春望

离堆劈浪截岷江，宝瓶口锁雪涛狂。

二王庙里香烟袅，伏龙观前柏影苍。

桃汛至，李冰忙。石人测水记沧桑。

桑田万化寻常事，唯有秦时明月光。

鹧鸪天·黑龙滩访友

翠幕分霞数点红，蝶衣蘸墨砚池东。

幽香暗度兰亭迹，素练轻悬龙渚虹。

春痕浅，茗烟浓。别来沧海认孤篷。

松涛细煮千秋碧，听取云山寺外钟。

临江仙·塞外行

千仞峰峦撑玉柱，卷来塞北霜风。
乾坤入抱意豪雄。
征鸿天际影，归骑晚霞中。
数缕幽思萦海角，故交离散西东。
凭栏高处喜相逢。
落英铺翠径，寒星缀夜空。

临江仙·侠客行

仗剑天涯行四海，霜风染透征衣。
豪情未减志难移。
刃光寒夜月，义气震虹霓。
醉卧荒林观鹤影，醒来还赴危蹊。
是非功过任由之。
丹心昭昊宇，侠影隐云溪。

临江仙·薛涛笺

浣花溪涨薛涛井，枇杷门巷春深。

扫眉才子葬诗魂。

井栏缠旧恨，笺色染新痕。

元稹坟头草三尺，韦皋剑印苔侵。

锦江流月去无声。

千秋红泪尽，犹湿美人坟。

临江仙·隐士吟

苔痕侵履云生袖，窑连川北川南。

松子落枰声半酣。

古泉烹雪乳，残局对春岚。

浮名早付东流水，此身元是痴憨。

醉折梅枝作禅簪。

忽闻山寺磬，惊破武陵潭。

临江仙·悼姜维

阴平星坠汉旗裂，孤魂犹绕祁山。

剑门夜雨洗雕鞍。

一丸泥冷处，万仞月光寒。

钟会坟头磷火绿，中原王气阑珊。

羌笛吹彻五更天。

兴亡多少事，都付剑门关。

临江仙·月夜怀乡

独上高楼寻旧月，清辉洒落如银。

凭栏思绪乱纷纷。

故乡千里外，归梦几回温。

遥念故园亲与友，别来音信常闻。

此时应是共冰轮。

相思无尽处，夜色正销魂。

浣溪沙·边关

大漠黄沙落日残，寒鸦数点绕城垣。戍衣披雪玉门关。

梦里家山生睫底，灯前瘦骨补征衫。乱烽吹絮作愁川。

浣溪沙·丝路行

大漠风沉夜欲阑，驼铃初系陇头关。葡萄新酿压雕鞍。

星垂瀚海千帐寂，霜落丝绸一线寒。汉使遥指月牙弯。

浣溪沙·青铜烬祀

青铜纵目望中原，金乌振翅绕高坛。象牙玉璋葬流年。

蜀王魂归鹃血里，蚕丛梦断月光前。千秋谁解太阳船。

浣溪沙·双溪垂钓

轻寒绕楼夏似秋，双溪锦鲤戏波柔。画屏幽处韵长留。

弦上瑟音轻若梦，天边丝雨细如愁。蓑衣独钓小银钩。

八声甘州·驿梅锢魂

对双溪冷翠咽残秋，霜刃淬吴钩。

望危旌摧角，惊沙裂甲，孤堞凝愁。

犹记辞家万里，青衫掷兜鍪。

草没祁连骨，尘黯雕鞍。

堪叹玉关梦断，剩冰心锁匣，身返魂囚。

更昏鸦啼冢，衔铁葬荒丘。

损征袍、胡尘渍血，问驿梅、可认少年眸？

西风烈、乱云堆雪，尽化骷髅。

八声甘州·房湖怀古

对唐年烟雨黯房州，寒碧说风流。

怅琯公凿玉，儒林沉戟，禹庙空丘。

十里荷香犹在，字库记曾游。

唯有残星月，还照谯楼。

谁忆开元旧事？任苔侵圣谕，浪打渔舟。

叹劫灰忠魄，霜枫锁戍秋。

剩年年、柳摇金缕，似重描、刺史浚渠谋。

凭栏处、听穿城水，犹唱勋猷。

八声甘州·都江堰怀古

溯李冰凿壁裂苍川，巍巍二郎山。

纵竹笼锁雪，桑田漫灌，石没犀眠。

是处瓶吞冷月，涛吼两千年。

剩沉沙断戟，鳞纹夜夜生寒。

谁遗秦时渔叟？但钓竿犹在，独对苍烟。

算沧桑历尽，断碣卧荒阡。

想当年、离堆截势，换人间、稻浪连云天。

空凝伫、听江声咽，似说前贤。

蝶恋花·壮怀

浩宇长风催劲旅，志挽银河，倾作千秋雨。

仗剑劈开云嶂路，心燃炬火穿寒雾。

岁月奔流惊日暮，梦锁山河，铁壁连苍戍。

纵是危崖天堑阻，丹心照彻秦汉土。

蝶恋花·贺新人

紫燕穿帘桃李秀，蝶舞芳渚，绿岸桃花灼。

枝上鹊声啼韵久，梁间娇语梦如旧。

并蒂莲开香满袖，戏水鸳侣，私语绵绵透。

携手同心浓似酒，眸波暗度云霞绣。

蝶恋花·琴台夜雨

绿绮弦焦尘满柱，井畔梧桐，叶落知何处。
当垆酒冷香如故，凤求凰曲随风去。
长门赋就千金误，鬓角星霜，尽是相如负。
夜雨敲窗疑客至，开门唯有巴山雾。

鹊桥仙·天孙掷梭

寒砧捣月，孤星坠野，截取苍崖千仞雪。

支机石裂锦江秋，纵金梭、劈开子夜。

星槎贯斗，天孙罢绣，掷向青城峰缺。

明朝典剑赎冰绡，换一匹、秋痕如铁。

鹊桥仙·嘉陵秋渡

剑门云散，巴山雨碎，银汉垂虹古渡。

牛郎怯问锦城路，恐惊破、文君酒炉。

涪江月冷，阆州星暖，一夜芦花满树。

相逢何必怨天孙，且看取、离堆烟雾。

虞美人·渡情

残荷听尽三更雨，滴碎愁心鼓。

寒灯摇落旧诗行，忍看疏桐影里月凝霜。

浮生烙尽相思印，锈蚀长河信。

此身誓作引舟人，燃尽千山星火照君尘。

虞美人·迷航

沧波吞尽孤帆远，回望苍山断。
暮云压浪叠重峦，数点寒鸦声碎没长天。
荻花卷雪西风烈，欲泊身如叶。
烟涛深处月初残，霜色无声沉落照空滩。

西江月·弈境

烽火连营布阵，星河列宿垂枰。
霜刀划界怒潮生，半子敢争天命。
车裂寒云破晓，马嘶残月摧城。
烂柯山外曙星明，指上乾坤倒映。

西江月·读青莲集

星斗泼毫濡墨，骑鲸醉挽沧浪。

锦城丝管化清霜，诗骨寒锋千丈。

字落岷山晴雪，魂萦巫峡云樯。

九天裁取碧霞光，截断嵯峨万丈。

满庭芳·故园怀旧

燕舞帘栊，桃燃陌上，故园新绽春华。

柳丝垂地，风过暗香斜。

漫忆儿时旧侣，同嬉戏、笑语喧哗。

怎禁得，天涯雁散，思绪乱如麻。

情赊追往昔，柴扉竹径，童趣无邪。

没烟海，唏叹驹光过鸦。

唯有青山似旧，常相对、鹤影栖沙。

归来晚，枉自赢得，霜鬓对残霞。

满庭芳·青城问道

鹤唳松涛，藓侵碑碣，紫霄宫畔云凝。
叩玄关秘，炉冷锁丹雪。
忽闻白鹿呦呦，补天处、轩辕雾敛。
剩琅函，道法零星，一轮璧月明。
苔掩仙名篆，山醪浮蚁，翠竹影清。
悟玄机，闲数落叶飞花。
空留玉局残棋，更添得、蛩语三更。
振衣去，散作星斗，万点落瑶京。

水龙吟·断情

锦瑟休弹春老，垂杨蘸水寒波皱。
空阶立久，满川烟翠，钓丝空守。
虚舟载月，浮名抛却，尽归尘垢。
纵雕龙绣虎，瑶觞泛蚁，都分付、莼鲈手。
谩夸鹏翼垂云，拂星河、露凝襟袖。
青衣江冷，海棠梦醒，孤怀偏瘦。
匣底龙吟，啼鹃化碧，断肠时候。
倩何人解我，撕将素练，作逍遥叟。

水龙吟·征程

岷峨雪浪连天涌，谁立潼关危堞？
青灯佛卷，紫宸策论，十年磨剑。
滟滪沉碑，剑门勒石，壮怀难灭。
待重整河山，星驰雒邑，补天手、扶倾业。
回首蚕丛旧穴，有啼鹃、声声凝血。
嘉陵夜雨，巴山晓月，尽成诗屑。
万里鹏抟，九霄龙战，气吞吴越。
看凌烟阁上，麒麟画里，染征袍裂。

唐多令·江夜

渔火裂寒流，孤鸿没远洲。

浸苔纹、霜老帘钩。

忍把残秋都换酒，醉眼看、旧貂裘。

雪尽秣陵舟，钟惊白帝鸥。

坠芦花、乱扑江头。

收拾断编残简后，待明日、赋新愁。

唐多令·青衫落第

剑气贯长虹，诗囊挂短篷。

醉舞时、笑谈皆空。

除却乾坤双刃外，一蓑雨、半襟风。

明月满孤桐，秋声送远鸿。

问生涯、谁与从容？

收拾琴书归去也，青山下、卧云松。

行香子·夏夜

蝉韵依廊，竹籁盈窗。

看流萤、暗度银潢。

指移徵羽，叶颤宫腔。

正茶烟袅，荷风细，月眉藏。

忽觉襟凉，似带琼香。

有情人、对影西厢。

黛洇山远，璧映波长。

念笺中字，灯前誓，鬓边霜。

行香子·误尽行藏

烛烬堆窗，墨渍凝凉。

又三年、误尽行藏。

闱深叶败，雁塔苔荒。

对秋风卷，青衫白，鬓丝霜。

蜀道云遮，剑阁尘黄。

算功名、都付苍茫。

断碑犹立，废驿空长。

剩萤穿冢，鸦惊魄，月吞江。

相见欢·漂泊

暮云垂野苍茫，晚风凉。

浮麦连天浸透菜花黄。

离人咽，征鸿灭，曳孤光。

纵至九重仙阙、也愁肠。

南歌子·茶禅

紫盏涵秋月，青烟袅篆痕。
松风试雪煮乾坤。
笑看浮沉起落、作霭尘。
三昧凭心悟，甘香自齿存。
茗窗禅意又重温。
澄波荡彻须弥、立空门。

江城子·逐月

少年骑鹤破鸿蒙，振天风，贯长虹。

踏碎寒瑛，飞剑叩蟾宫。

斫桂为兵挥北斗，挑银汉，裂玄穹。

醉倾仙醑唤蟾躬，玉山倾，卧云龙。

笑指人间，万壑入琼钟。

一枕惊回槎影逝，沧浪阔，月横空。

少年游·侠影

孤峰素裹雪千层，寒刃淬霜凌。
羌笛咽月，驼铃摇荡，沙雁掠云鸣。
问谁堪执英雄令？侠影振雷霆。
剑指苍穹，气冲霄汉，风虎啸龙行。

兰陵王·悲歌

霜镝曲，响彻豪情几缕。

朱弦绝，孤胆未销，冷月寒涛绕荒屿。

龙吟匣里语，惊觉岁华暗去。

西风烈，蓑笠夜舟，乱桨惊波碎离绪。

昔年破千骑，扫胡尘蔽野，麟阁勋誉。

岂料宵小翻云雾。

恨玉阙掩日，鸩杯含恨，英雄碧血蓟门注。

剑沉沧浪渚。

凝伫，叹今古。

看霸业空梁，兴废谁诉？

悲弦声断无重谱。

望逝川霞卷，鹤归何处？

乾坤如弈，劫火浪涛怒卷浦。

高阳台·离思

荔影沉波，薛笺渍血，琴台冷雨潇潇。

素手分香，曾看鹤没烟涛。

无猜却被罡风误，剩孤鸿、影吊寒皋。

最销凝，钿匣尘封，钗凤零凋。

十年萍迹埋沧漭，对苔碑蚀月，自酹离骚。

纵掬鲛珠，难焐瘦骨霜绡。

牡丹江畔皑皑雪，化幽魂、万仞琼刀。

听残更，蜀魄噙冰，泣断前朝。

破阵子·破军志

星坠祁连雪暗，剑鸣夔峡涛狂。

百万貔貅听号令，一卷兵书定八荒。

阵云压雒阳。

虎帐宵看紫电，龙韬晓破玄黄。

浅水岂容鲲化翼？待到功成鬓已霜。

勋业鼎彝藏。

贺新郎·三星堆

神树擎天阙！问青铜、纵目穿云，金杖彰王节？

蚕丛鱼凫踪难觅，剩有太阳轮冽。

象牙朽、玉璋仍洁。

骋望巡天三千界，料古蜀、曾铸星河筏。

云外客，竞相谒！

忽然惊觉时空裂。看今朝、探方灯下，刷轻尘彻。

碳十四溯沧桑数，解码纹中饕餮诀。

辨神坛、威仪重揭。

长江文明同源证，望中原、独尊今可绝。

重写就，人类页！

定风波·夔门龙骧

箭雨翻江浊浪横，犀甲飞渡吼涛声。

夔峡苍崖如戟矗，危兀！虎啸雾瘴阻征程。

蓑笠平生寒水畔，萧瑟。忽闻霜鼓动连营。

万斛龙骧齐发彻，东越！乱云崩碎楚天青。

采桑子·何以解忧

危阑望彻晶帘卷，笛咽沙洲。

笛咽沙洲，翠袂惊霜忆旧游。

人间不信情常在，此恨难收。

此恨难收，茧裹春蚕堕壑幽。

飘蓬暗逐星槎杳，残烛摇秋。

残烛摇秋，忍对寒江一叶舟。

谁解连环千结锁？雾隐西楼。

雾隐西楼，半枕惊潮涨玉瓯。

扬州慢·蓉城秋韵

锦里霜纨，草堂金缕，满城尽带秋纱。

看公孙树古，擎万叠黄绡。

记当年、武侯亲栽，唐檐听雨，宋瓦栖鸦。

到而今、街市声遥，犹自横斜。

落英似篆，漫销凝、蜀汉烟霞。

纵玉垒云浮，岷江雪化，难掩清嘉。

拈来一叶禅纹，藏书页、漫煮烟芽。

待春归又绿，悠然坐数鸣蛙。

水调歌头·麒麟志

年少慕麟阁，白首志犹遒。
任他蜗角虚誉，岂肯作牢囚？
墨海十年铸锷，笔阵千军辟易，星斗落吟讴。
佛影峨眉月，曾照夜窗幽。
跨嘉陵，越剑阁，上麟楼。
云台画像应在，勋业待谁收？
莫叹冯唐易老，且效班超投笔，万里觅封侯。
匣内青萍啸，风雨满神州。

六州歌头·夔门裂骨录

夔门裂处，壮士出西川。

草鞋敝，单衣冷，步枪斑，向中原。

父老泪阑干。

征衣问，几时还？抚剑吼，定诛歼。

誓如山。

滕县血浸，魂铸台庄垒，尸塞秦关。

战壕吞冷月，烽火灼残垣，恨满人间。

夜无眠。

金陵浪涌，血未干。

孤城坠，橹沉舷，少城帜，昭觉鼓，文殊偈，

佑征鞍。

驱魍魉经年。

雪国耻，辱终湔，凯歌还，青史镂。

照人寰。

锦官城外，松柏啸霜天，浩气盘桓。

听残鹃夜泣，犹说旧衣冠，月满山川。

蜀魂

岷山雪消浪涌，送千帆东去。
望帝魄、啼染鹃红，暗逐三峡云雾。
石镜掩、蚕丛旧迹，金牛道险连秦楚。
叹武侯星陨，祁山鼓声如诉。

涪水弦歌，相如赋就，更薛涛笺素。
草堂月、曾照狂歌，青莲摘斗诗句。
护风雷、平羌钓叟，守节义、巴蔓子墓。
蓦回眸，都作江流，尽淘千古。

倭尘乍起，袍泽同仇，渝州铸铜柱。
空袭频、防空洞里，血写檄文；
火幕交织，朝天门渡。
川军出峡，死绥报国，草鞋踏破中原路。

待重光、酒酹金陵树。
荣州井架，天车刺破苍穹，盐晶烁映兵弩。

锦城丝管，广厦摩空，正鲲鹏新举。
硅谷畔、星驰雷刃，芯载寰瀛；
蓉欧班列，遥接欧陆。

火锅沸处，五洲来客，麻辣烫沸英雄气。
问何时、再续凌云赋？
且看玉垒苍烟，依旧风流，岷峨长伫。

【歌卷】

山泉漱歌

返乡列车

隧道吞吐着发霉的月光
硬座底下麻袋渗出花椒香
手机地图上的红点在漂移
终点的名字叫故乡

缘

人潮海海

我和很多人热情相拥

也与许多人擦肩而过

偶尔被人想起

亦时常被人遗忘

雨思

母亲打电话的时候在下雨

故乡的雨下在异乡

电话里，母亲的声音沙哑而低沉

“外公走了……”

异乡的雨下在故乡

看云

我们曾一起看云

像一朵玫瑰

一阵风来，云散了，你我也散了

后来，我一个人也有去看云

却再也没有见过那样的玫瑰

雨过天晴

暴雨倾盆，似思念决堤

乌云如墨，压满心底

焦虑的手机传来震动

听筒里一句“想你……”

我的世界便雨过天晴

梦

月光洒在窗台

像你的温柔

无声覆盖

思念在寂静里徘徊

等一场梦

与你告白

写诗

每落一笔诗行

痛意便在心底疯长

你不是治愈的良方

是温柔又致命的刑场

暮色如刃，缓缓割破时光

我在这凌迟中，独守痴狂

茶馆

竹椅吱呀切开茶雾

你指尖在盖碗沿画圈

说龙门阵的尾音长出青苔

我数着铜壶嘴滴落的光阴

直到所有心事

都沉入茶渣堆叠的巴山

野钓

银鳞咬碎星光时

我的竹梢正悬着

游动的倒影，既惊又喜

夜已深沉……

收竿前解开涟漪

放生最后一尾失眠的云

蜀绣

针脚藏起三更雨

锦缎上游着去年的鲤鱼

你剪断线头时

整座绣楼开始褪色

只剩那对未点睛的鸳鸯

如胶似漆地在绸面游弋

火锅

牛油凝固成心形

毛肚在红汤里打捞星辰

我们围坐成迁徙的雁阵

把乡愁涮进九宫格

而漏勺始终没捞出

那枚沉底的归期

距离

春分把花盏卷成半阕残词
秋分将叶影压成透明信纸
你在鳞瓣间数未融的雪
我于花尖拾碎掉的月
潮信在年轮里刻满休止
每圈涟漪都是未拆封的——唇齿

寻石

洪水过后

我沿着岸边走了许久

想寻一块自己喜欢的石头

最后却没能拾取一颗

也许那块石头

恰巧沉入了冰冷的河床

就像埋葬在我心底那样

断章

雨点敲打玻璃

回忆如潮水

将我沉溺

那把共撑的伞

却遗落在了往昔

只剩这雨敲出的断章

藏在心底

悬停

蜻蜓振动翅膀

蜘蛛弹奏它的网

甘露在叶尖摇晃

我们保持危险的平衡

像未落笔的诗行

悬停在所有可能性的

破折号中央

芦苇

夏末，天空澄澈而湛蓝

芦苇在斜阳下轻颤

毛茸茸似梦的花瓣

本想折一支，赠予你浪漫

才惊觉，身侧没了你的温婉

只剩思念如风

绕着芦苇不停打转

折返

在乡间的田埂上

迎着黄昏散步

炊烟伴着晚霞

很美

不经意间

走到了上次想你的地方

于是

匆匆折返

想象

云朵是梦的信笺

我枕着草甸

羊儿轻啃着天边，船帆驶向无言

日光与风，撰写着幻变

想你时，星星已挂在窗前

你的笑悄然浮现

思念是无尽的航线

等，一场遇见

老槐树

三十圈年轮上挂着蜕壳的蝉

童年，用放大镜窥探蚁国的迁徙

雨季，我们才是那一颗颗被命运搬动的卵

二十年后再聚

树洞已装满房地产传单

你掏出女儿的满月照时

一片枯叶坠入茶碗

浮成我们当年放生的纸船

草堂

瓦当接住微雨

茅草在玻璃展柜里返青

游客快门声惊飞梁上燕

而解说器正朗读的秋兴

突然卡在“孤舟一系”的电流杂音

穿汉服的少女撑着油纸伞

手机屏映出浣花溪倒影

此刻某个唐朝的黄昏正在复活

杜工部搁笔时抖落的墨点

化作我们的耳机

残香

夏荷肆意在乡野
花期却不过初秋
销声匿迹的时光
如尘埃般寂静
夜晚虚构的圆月
照不亮远方
淡香缝补着深邃的愁绪
不经意间
一枚理想的花瓣
在风中飘落

淋雨的人

细密雨丝织成朦胧的网
将我困在这湿漉漉的街巷
我在雨中踽踽独行
四处追寻，那一抹熟悉的模样
你于小巷处转角
徒留我，在雨幕里独自神伤
心中最柔软之处，无端地怅惘
不知是这缠绵的雨
还是那嫣然的你
悄然将它，填得满满当当

思念

午后，暖阳洒落在窗前

思绪飘远，回到剑州春天

离别多年，记忆未变

这温柔季节，最适合思念

思念那缕暖过青春的光线，恰如初恋

往昔岁月，就像苟家的豆腐宴

酸甜苦辣咸

漫时光，凝作心底的眷恋

如今的思念，却似顽皮的蜜蜂

强吻了火红的石榴

然后消失不见

我没有伞

我于雨幕中踽踽独行

手中未执那一方避雨的荫

孤独如影，彷徨为邻

冷眼阅尽世俗万象

嘲笑似针，怜悯如霜，哀伤若网

可轮回的洪流，激不起心湖半点浪

脚下的泥泞，纠缠着希望

本就深陷这混沌的泥沼

淋雨，又何妨

就让这无尽的冰冷

穿透禁锢灵魂的高墙

在雨中寻一抹倔强的光

窗

我是这不羁的暴雨

在天地间肆意闯荡

裹挟着宇宙的落寞与怅惘

磅礴如命运悲歌在穹顶震荡

却始终淋不到屋内的你啊

倾尽所有诉说炽热念想

每颗水珠都是眷恋滚烫

在天地间唱响相拥的旋律

而你自成一方

静谧的光漠视喧嚣，闪耀安详

徒留我无尽地徘徊叫嚷

窗是银河浩莽

我仍如暴雨——

你永远是你

擦肩而过

那年，风携着温柔的信笺
云淡得像梦的边缘
我在你窗前悄然停驻
听柳树轻诉，芽尖的新鲜
少年的白衬衫，似春日的帆
在时光里，扬起青春的潋滟
可惜啊，我错过了那艘
与你顺路的船
命运的齿轮，悄然错转
如今，我伫立在窗前
冬风凛冽，吹不散思念
却怎么也吹不到，有你的初夏
只留下，回忆在心底蔓延
和那场，无果的擦肩

抉择

浪漫的晚霞

是微醺的云朵

池塘里的金鱼

也会把烦恼对她诉说

可她不知道

他心里也有燎原的火

连绵了整个双子座

原以为理想没有因果

可周遭小小的起伏

就荡漾成波

抉择

是一条条滚烫的星河

鱼在错的轨迹游弋

却试图用尾鳍

勾勒出正确的轮廓

一次次行差踏错

鳞片在水流中剥落

却也在刺痛里懂得

每道伤口都是领悟的脉络

这汹涌的河

奔腾着时代的漩涡

鱼的每一次勇跃

都是命运交响里

从未改变的音色

【赋卷】

星汉垂赋

东楼赋

天府重镇，川南叙州。珍馐罗列，胜景盈眸；宜人宜宾，钟灵毓秀。人文渊薮，际汇三江之流；货通五湖，商帆往来如绣。巨浪滚滚，挟金岷之势以环抱；号子巍巍，奏诗词之韵而长悠。西南半壁，古戎州之旧畴；万里长江，第一城之嘉构。名播华夏，饮誉九州。

寻幽览胜，东楼最是风流！楼踞叙州南岸，史载于唐，毁于水火之咎，累代屡加营构。辛丑之岁，重起崇楼，背倚七星，恰似天权落子，文昌庙旁凝瑞；臂挽金岷，恍若一箭御寇，挂弓山畔呈祥。于半坡之处，拔地十五丈之崇，八层杰构，矗阁以擎霄九。亭廊对举，错落而彰巧构；匠心独运，富丽而又恢宏。宣磅礴之气于黔滇之域，壮雄浑之观于巴蜀之邦。独领西南秀筑之风骚，享誉江湖名楼之盛彰。

登斯楼之绝顶，可览三江六岸之胜景；环此楼而凭吊，堪赏四廊八角之风光。螭吻凌虚，若将驭风而去；白云婀娜，如从岫中飘翔。琼阁飞檐，揽天地之紫气；玲珑雕栋，御浩荡之青风。观夫城中之景：上玄下纁，岁序递嬗，窈蓝郁郁，棕绿银红之妙；暮山凝紫，海天焕霞，层楼栉比，碧水三分韵长。秋香之彩，软烟之绮，市井繁华，车水马龙。摩崖嶙峋，鬼斧神工之象；山林竞秀，天然造化之章。奇云奔腾，凌日月之浩渺；长江咆哮，转乾坤之沧桑。仰观之，有琅嬛黄鹤之姿；俯瞰之，具磅礴岳阳之雄。

壮哉乎！半城青山半城楼，龙盘虎踞阻江流。晚风飒至，对月当歌；五粮玉液，怀古独酌。漫漫兮，茶马古道南丝路；悠悠兮，江枫渔火万里船。思少陵之诗韵，追鲁直之墨翰，忆东坡之逸怀，星光璀璨，宛若仙乡；品甘泉之清洌，食嘉谷之丰饶，赏春秋之更迭，万家灯火，更是人间。

呜呼！中国梦，绘宏图之卷，拳拳赤子，四维奋扬。修身齐家，治国平天下之愿；合力兴邦，展盛世之荣光。东楼新启，乾坤无双。承汉唐之气派，百代不殇；展强国之威容，中华永昌；同神州之崛起，谱宜宾之华章！

自贡赋

蜀南有邑，名曰盐都。控三江而通九驿，接滇黔以望荆吴。天赐咸泉化雪，地藏龙骨成书。半城井架擎云汉，一脉灯辉照夜衢。双溪抱月，青山叠翠浮烟屿；千载遗踪，碧血燃灯映玉壶！

溯夫炎帝开先，李冰凿井。汉置江阳县，周设公井镇。天车立处，挽银河而汲九渊；地火燃时，煮霜雪以济苍生。斧锉穿岩三千仞，盐舟载月六百旬。西秦会馆，檐牙犹诉商帮事；炎帝宫中，卤气尚凝壮士魂。驼铃响彻吐蕃路，桅影摇来扬子津。富义仓前，盐工号子惊鸥鹭；荣溪河畔，进士牌坊耀星辰。

忽见洪荒裂地，太古留痕。桫椤摇碧影，石壁隐龙纹。骨垒成丘，惊现剑齿如戟；足印化石，恍闻巨吼穿云。青龙湖畔，恐龙馆立擎天阙；金花寨下，硅化木横刻年轮。漫道时空隔亿载，犹听雷暴震昆仑！

至若南国灯城，光摇寰宇。肇始于汉唐，鼎盛于今古。竹骨裁云，绢纱笼雾。瓷器裁星辉洒落，蚕茧笼月影浮疏。鳌山起处，龙衔火树冲霄汉；灯海翻时，凤逐流萤入画图。

更添盐都三绝技：龚扇摇风生细浪，扎染泼彩化仙株，剪纸裁春啼鹧鸪。

漫道盐都滋味，麻辣鲜香。豆花凝雪，蘸水涵芳。火边牛肉薄裁纸，冷吃兔丁烈穿肠。盐帮菜引八荒客，老茶馆烹三伏凉。赵化橘糖甜沁齿，牛佛烘肘糯粘裳。最是釜溪河上月，犹照当年贩盐郎。

观乎盐泉血脉，铸就英魂。刘光第横刀向天笑，谢奉琦喋血醒乾坤。江姐红梅燃赤焰，玉章椽笔定邦根。赵熙词成金石裂，明伦戏诡鬼神嗔。更闻跳水皇后惊鸿影，穿杨箭客矢贯辰。俱往矣！看今朝井架精神传薪火，灯城锦绣焕新春。

今眺盐都气象，古韵新声相酬。恐龙衔虹越深壑，彩灯流影映重楼。无人机巡守千年卤，复兴号穿行百仞丘。莫道盐船古道暮，且观龙舟立潮头！借得洪荒星火种，再续灯海万丈流。呼来太白重把盏，来赋蜀中第一州！

渝州赋

巴山截云，渝水崩雷。双江合契以拱辰极，九鼎司南而镇坤舆。吞岷峨雪浪以锁夔门，吐巫峡长风而辟鸿蒙。嘉陵卷雪摧云，劈瞿塘以纳百川；长江裂石淬龙，破滟滪而焚射斗。万峰拔地擎天，千楼悬河摘月。白鹤衔鱼暗刻春秋潮信，枇杷燃烽怒照不夜乾坤！

雾幻千峰化蜃阙，虹霓流转烁星垣。吊脚楼挂绝壁，似巴蛇腾霄吐信；轻轨车穿重峦，若神蛟破霭驭霆。歌乐松涛吼碧血，缙岭竹剑啸青冥。朝辞白帝城，看巨轮劈浪惊起巫山云雨舞；夜泊磁器口，听野渡裂帛吹碎银汉落江心。

刎颅存城三百载，孤镝碎甲七十秋。昔蔓子刎首，忠魂化青枫啸赤壁；良玉裂裳，巾帼擎纛裂胡天。钓鱼城头箭雨寒，一镝惊破苍狼胆，孤垒独扼汉家魂；佛图关下盐茶炽，万蹄踏碎昆仑雪，九宫沸煮亚非烟。最是红岩魂烈，焦土重生铸铁骨；那堪惨炸裂穹，罡风淬砺江峡根。

老灶煮沸江湖血，号子吼坍金石峦。朝天门外，桡工号子震落参商宿；十八梯旁，棒棒扁担挑弯峨眉月。铜梁火龙，玄铁熔天焚魑魅；川江纤索，血汗浸崖勒峥嵘。毛肚翻腾九宫格，麻辣淬透英雄胆；老窖泥香透坛瓮，陈醪浸透儿女肝。

观夫悬链化虹，驯苍兕而驾地脉；劈云为谷，叩星躔以演玄黄。八万里轨驰金辔，智芯列阵演天章。硅晶洞彻连山秘，云舸连帆贯八荒。更见鹅岭焰腾舞，倒浸星河淬寒芒；且待广阳春潮涌，遍植碧涛绣沧浪。

纵鬼门浪激，滟滪湍急，烫平坎坷即天道。忆昔湖广填川，八方风雨淬义魄；且看五洲来仪，四海肝胆共鼎镌。任他石鱼沉浮，潮涨潮落，自有铁脊撑寰宇；管甚狼烟起灭，云卷云舒，岂无热肠沸昊天？渝人不语沧桑，烫一锅麻辣煮沸大江东去；来者且啸且行，踏破昆仑再辟万里云川！